ENID BLYTON

Unser liebes Pony

Schneider-Buch

Titel der englischen Ausgabe:
Snowball the Pony
Übersetzt von Gisela Jehn

Illustration:
Bärbel Weeren
Bildredaktion: L. Musil
Textredaktion: Dr. I. Kern
Korrektur: Jakob Stübel
Schrift: 10/13 Punkt
Futura Buchschrift
Gesamtherstellung:
Franz Schneider Verlag,
München
Bestell-Nummer: 2636

8 München 13
Frankfurter Ring 150

Inhalt

Ein liebes Pony und seine Mutter

Ein kleines Pferdchen, ein Shetlandpony, stand an der Seite eines großen Feldes. Das Pferdchen war wirklich sehr klein, beinahe nicht viel größer als ein großer Hund.

Es hatte noch keinen Namen. Der Bauer, dem es gehörte, wollte es verkaufen. Deshalb machte er sich nicht die Mühe, ihm einen Namen zu geben.

Das Pony war ganz schwarz, schwarz wie Pech. Es hatte einen hübschen langen Schwanz, mit dem es um sich schlagen konnte, und glänzende Augen, die alles ringsum bemerkten. Sein Fell war wie schwarze Seide, und seine Nase war so weich wie Samt.

Es war ein schönes Pferd. Jedes Kind, das es sah, liebte es sofort und hätte es gern besessen. Aber es war ein wildes, kleines Ding und wollte mit keinem Jungen oder Mädchen gehen, das ihm winkte oder das nach ihm rief.

Es liebte seine Mutter, und sie liebte ihr Kind. Oft streichelte sie es mit ihrer Nase. Dann stellte sich das Pferdchen dicht neben sie, um ihren warmen, weichen Körper zu fühlen. Sie lebten auf der großen Weide zusammen, und oft liefen sie zum Vergnügen um das ganze Feld.

„Hast du schon lange hier gewohnt, Mutter?" fragte das Pferdchen eines Tages. „Dein ganzes Leben lang?"

„Mein ganzes Leben lang nicht", antwortete die Mutter. „Aber doch die meiste Zeit. Ich bin hierhergekommen, als ich noch sehr, sehr klein war, so wie du jetzt bist. Ein Junge bekam mich geschenkt, und ich gehörte ihm ganz allein. Lange Zeit ritt er immer auf mir spazieren. Inzwischen ist er fast schon erwachsen."

„Und wer wird auf mir reiten?" fragte das Pferdchen und sah seine Mutter mit großen, glänzenden Augen erwartungsvoll an.

„Ich weiß es nicht", antwortete sie. „Hier auf diesem Hof gibt es ja keine Kinder. Der Bauer wird dich wahrscheinlich verkaufen, und dann mußt du weit, weit wegreisen."

„Aber das will ich nicht", sagte das Pferdchen und drängte sich dicht an seine Mutter heran. „Ich möchte immer in diesem hübschen, sonnigen Feld bei dir bleiben."

„Das wirst du nicht machen können", sagte seine

Mutter. „Es wäre auch nicht gut für dich. Du mußt vieles lernen. Du mußt hinaus in die große Welt gehen. Du mußt einen Herrn bekommen, und du mußt zu einem schönen Pferd heranwachsen, das treu und gehorsam ist."

„Ich will das aber nicht", sagte das kleine Pferdchen aufgeregt. „Ich würde mich fürchten, wenn ich dich verlassen müßte. Laß mich niemals weggehen, Mutter!"

„Nun, noch ist's ja nicht so weit", sagte seine Mutter. „Du bist vorläufig zu klein. Laß uns lieber einen Galopp rund um das Feld machen. Wir wollen sehen, ob wir eine Stelle finden, wo das Gras im Graben lang und saftig wächst."

Sie galoppierten also zusammen los; das kleine Pferdchen hielt sich dicht an der Seite seiner Mutter. Sie fanden das Gras und knabberten entzückt daran. Es schmeckte viel besser als das kurze Gras auf der Weide.

Ein paar Tage später kam der Bauer und wollte nach dem schwarzen Pferdchen sehen. Seine Frau kam mit.

„Wie hübsch es ist!" rief sie. „Es sieht aus wie ein Spielzeugpferdchen! Am liebsten wäre mir, wenn wir es behalten könnten."

„Nein, wir müssen es verkaufen", sagte der Bauer. „Es wird irgendeinem Kind Freude bereiten, einem Kind, das darauf reiten und es liebhaben kann. Was es wohl für ein netter, kleiner Bursche sein wird? Nächsten Sommer werde ich es verkaufen, aber ich werde jemand Nettes dafür aussuchen. Es soll nicht etwa an ein schlecht erzogenes, boshaftes Kind geraten, das vielleicht mit der Peitsche schlägt oder nach ihm stößt."

„Da, hast du das gehört? Du wirst bald verkauft werden", sagte die Mutter zum Pony. „Du wirst mir fehlen. Aber es wird für dich hübsch sein, wenn du dein eigenes Zuhause hast und einen kleinen Herrn, den du liebhaben kannst. Das beste in der Welt ist es doch, zu lieben oder geliebt zu werden, mein kleines Pony. Sei also zu jedem freundlich und versuche, so viel Freunde zu gewinnen, wie du kannst."

Das kleine Pferdchen wuchs in den nächsten paar Monaten tüchtig. Wie sein seidenes Fell glänzte! Kein weißer Fleck war an ihm, außer ein paar Härchen in seinem Schwanz, und die bemerkte niemand.

„Wahrscheinlich werden sie dich Schwarzes oder Neger nennen", sagte seine Mutter. „Du bist ja ganz und gar schwarz."

Bald kam die Zeit heran, als es verkauft werden sollte. Schließlich war es soweit: Am nächsten Tag sollte es fortgebracht werden. Das kleine Pferd war traurig und drängte sich dicht an seine Mutter.

„Nun", sagte sie zu ihm. „Es wird dir schon gutgehen, sei nur nicht ängstlich. Gehorche nur immer deinem Herrn. Sei stets freundlich. Und paß ordentlich auf die Kinder auf, die auf dir reiten werden."

„Soll ich dich niemals wiedersehen?" fragte das kleine Pony betrübt. „Du wirst mir sehr fehlen."

„Nun, du gehst ja nicht sehr weit weg von hier", tröstete die Mutter. „Du kommst zu Kindern, die auf der nächsten Farm wohnen. Sicherlich kannst du dann eines Tages herüberkommen und mich besuchen. Vielleicht reiten die Kinder auf dir hierher."

„Oh, das wird hübsch sein", sagte das Pony. Es wurde allmählich aufgeregt. Es sollte ja hinaus in die große weite Welt gehen. Wie groß mochte die wohl sein? Es wußte das nicht, weil es niemals draußen jenseits vom Zaun gewesen war. Vielleicht reicht die Welt bis zu den Hügeln heran, die ich da vorn sehe! dachte das Pferdchen.

Am nächsten Tag kam der Bauer. Zuerst gab er dem Pony etwas Hafer und streifte ihm dann ein

Halfter über, um es wegzuführen. Zum letzten Mal schmiegte sich das Pferdchen an seine Mutter, und sie streichelte es sanft mit der Nase.

„Sei gut, sei freundlich, mach alles, was man dir befiehlt", sagte sie. „Dann wird es dir gutgehen. Leb wohl, kleines Pferdchen."

„Leb wohl", sagte das Pferdchen und trottete traurig zum Gattertor hinaus. Das fiel zu und schloß sich mit einem „Klick".

Nun war das Pferdchen zum ersten Mal auf der anderen Seite des Zaunes. Vor ihm lag ein Pfad. Der schien sehr lang zu sein.

Die Welt kam ihm sehr groß und sehr merkwürdig vor.

„Also vorwärts", sagte der Bauer. „Wir gehen zu deiner neuen Heimat."

Und sie gingen los; das kleine Pferdchen sah mit großen, erstaunten Augen um sich.

Ein neues Zuhause und endlich ein Name!

Das Pferdchen war überrascht, als es merkte, wie groß die Welt war. Der Pfad war lang und führte zu einer Hauptstraße, die ihm gewaltig erschien.

Es trottete neben dem Bauern her und betrachtete verwundert die Häuser, an denen sie vorbeikamen. Es hatte ja vorher den Nachbar-Bauernhof nur weit weg in der Ferne gesehen. Dann brüllte plötzlich ein großes, rotes Tier auf der Straße, und das Pferdchen sprang erschrocken hoch. Es versuchte, in den Graben zu springen, um sich dort zu verstecken.

Was ist das? dachte es. Will dieses Tier mich fressen? O weh, wenn es mich wirklich fressen will!

„Nein, nein", sagte der Bauer lachend. „Das war nur ein Omnibus. Der tut dir nichts. Komm weiter!"

Bald verließen sie die Hauptstraße und bogen auf einen anderen Pfad ab. Der führte über die blauen Hügel hinweg, die das Pferdchen so oft von seinem Feld aus gesehen hatte. Jetzt entdeckte es auf jeder Seite Kornfelder, die noch grün waren, und zwischen dem Getreide ein paar Mohnblüten, die mit roten Augen dann und wann hinüberblitzten.

Sie kamen oben auf den Hügel. Da sah das Pony plötzlich in ein Tal hinunter. Die Welt war ja noch viel größer, als es sich vorgestellt hatte! Sie war riesengroß.

„Das dort ist also dein neues Heim, da unten", sagte der Bauer, und er nickte zu einem hübschen Bauernhaus hin, das behaglich im Tal stand. „Dort wirst du dich wohl fühlen. Da gibt es drei Kinder, die dich reiten wollen. Es sind nette Kinder. Versuche also nicht, ihnen irgendwelche albernen Streiche zu spielen."

Das Pony stellte die Ohren auf. Drei Kinder! Das würde ihm gefallen. Es fürchtete sich eigentlich ein bißchen vor Jungen und Mädchen. Aber wenn es sie einmal kennen würde, dann machte es sicherlich großen Spaß, mit ihnen zu spielen. Es trabte vergnügt weiter und wurde immer aufgeregter.

Sie kamen zu dem Bauernhof. Ein kleines, weißes Tor führte hinein. An dem Tor lehnten drei Kinder,

die auf sie gewartet hatten. Sie sahen das kleine Pferdchen und schrien vor Entzücken auf.

„Da ist es! Seht doch, da kommt es! Ach, ist es nicht süß? Es ist das hübscheste Pony, das wir je gesehen haben!"

Sie sprangen vom Tor herunter und rannten dem Bauern und dem Pferdchen entgegen. Das erschrak und wich zurück. Beinahe hatte es dem Bauern das Seil aus der Hand gerissen. Aber der Bauer schubste es vorwärts.

„Was, hast du etwa Angst? Sei doch nicht albern! Zeig nur, wie hübsch du bist!"

„Es ist wirklich hübsch", sagte Willi, ein großer Junge von zehn Jahren. „Das allerschönste Pony, das ich je gesehen habe."

„Ach, das nette Ding", sagte Usch, die sieben war, und sie legte ihm die Arme um den Hals.

„Ich möchte drauf reiten. Jetzt, jetzt, gleich!" rief Tommi, der jüngste. Er war fünf Jahre alt.

Der Bauer hob ihn hoch, setzte ihn auf den Rücken des Ponys und hielt ihn dort oben fest. Das Pferdchen machte vor Schreck einen Sprung. Es war nicht daran gewöhnt, jemand auf seinem Rücken zu tragen, und es gefiel ihm gar nicht.

„Na, na", sagte der Bauer. „Du wirst dich an so etwas schon gewöhnen. Nun, Tommi, wie gefällt es dir?"

„Ich hab es gern", sagte Tommi, und sein rundes Gesicht war vor Freude rot. „Nimm mich wieder runter. Ich will es ansehen."

„Und ich muß jetzt wieder nach Hause", sagte der Bauer. „Wo soll es denn bleiben?"

„Hier! Genau in diesem Feld", sagte Willi, und er deutete auf die Wiese, die nahe an dem Bauernhausgarten lag. „Ich nehme es mit. Ach, ist es nicht reizend? Hat es schon einen Namen?"

„Nein", sagte der Bauer und gab Willi das Seil, um das Pony wegzuführen. „Ich habe es euch Kindern überlassen, ihm einen Namen zu geben. Ich hoffe, ihr werdet einen besonders hübschen finden. Es ist ein netter, kleiner Bursche. So, und ich werde jetzt gehen und noch mit eurem Vater sprechen. Ich habe ihn schon da vorn auf dem Acker gesehen."

Er ließ das Pferdchen bei den Kindern. Sie führten es auf die Wiese und schlossen das Tor hinter ihm. Es stand da und sah sie mit seinen glänzenden, verwunderten Augen an. Alles erschien ihm seltsam. Es wünschte, seine Mutter wäre da.

„Du bist das liebste Pferdchen von der ganzen Welt. Und du gehörst uns", sagte Usch und streichelte ihm leicht die Nase. „Aber zuerst müssen wir dir einen Namen geben."

„Nenne es nur nicht etwa Schornsteinfeger oder Schwarzes oder Aschenputtel", sagte Willi.

„Aber es ist doch wirklich sehr schwarz", rief Usch. „Wir wüssen ihm unbedingt irgendeinen Namen mit Schwarz geben."

„Ich mag aber keine schwarzen Namen", rief Willi. „Mit solch einem Namen rufe ich es nicht."

„Nun gut, dann nenn es doch Schneewolke oder Schneeweißchen oder Schneeflocke", sagte Usch lachend. Die anderen starrten sie an, und Willi lachte auch.

„Guter Gedanke! Wir werden es Schneeflocke nennen. Darüber werden die Leute lachen. Das ist auf jeden Fall ein hübscher Name. Schneeflocke, magst du deinen neuen Namen?"

Das Pferdchen wendete den Kopf zu Willi hin. Es fand Willi nett. Was eine Schneeflocke war, wußte es nicht. Es hatte ja noch nie Schnee gesehen. Den Namen fand es aber hübsch, und es war froh, daß es endlich einen eigenen Namen bekam. Hoffentlich würde der seiner Mutter auch gefallen.

„Schneeflocke", sagte Usch leise in sein Ohr. „Das ist dein Name. Schneeflocke! Wenn du uns jetzt diesen Namen rufen hörst, dann mußt du immer zu uns hergetrabt kommen. Verstehst du?"

„Schneeflocke", sagte Tommi und klopfte dem Pferdchen den Hals. „Du bist eine schwarze Schneeflocke. Du gehörst uns, und wir haben dich lieb."

„Wir wollen heute noch nicht drauf reiten", sagte Willi. „Das Pferd ist scheu und erschrocken, weil es von seinem Zuhause weggebracht worden ist. Wir wollen mit ihm sprechen und es herumgehen lassen. Dann wird es sich bald eingewöhnen und glücklich sein."

„Komm vorwärts, Schneeflocke, komm ums Feld herum", sagte Usch, und Schneeflocke trottete erfreut mit den drei Kindern davon.

Schneeflocke regt sich auf

Bald gingen die Kinder zum Essen hinein und berichteten ihrer Mutter alles über Schneeflocke. Sie versprach, später mit ihnen hinauszugehen und sich das Pferd anzuschauen.

„Es wird ein netter Spielkamerad für euch sein", sagte sie. „Und sogar Tommi wird darauf reiten können. Ich glaube, es ist gut, wenn ihr heute schon Zaumzeug mitbringt, weil es bald lernen soll, einen Sattel zu tragen und den Zügeln zu gehorchen."

„Zuerst wird es das nicht gern haben", sagte Willi. „Aber es wird sich bald daran gewöhnen. Es ist so nett, Mutter! Ich habe noch nie ein so hübsches Pferdchen gesehen. Sein Fell glänzt wie schwarze Seide."

„Warum habt ihr es dann ausgerechnet Schneeflocke genannt?" fragte die Mutter lächelnd. „Das ist ein netter Witz."

„Hoffentlich fühlt Schneeflocke sich nicht zu einsam in dem Feld", meinte Usch. „Wahrscheinlich wird das Pony seine Mutter sehr vermissen."

Schneeflocke fühlte sich wirklich sehr einsam. Das kleine Pferd wünschte, daß die Kinder bald kämen und wieder mit ihm sprächen. Warum waren sie weggegangen, und wann würden sie zurückkommen? Es zupfte sich etwas Gras, das schmeckte ihm recht gut. Es wanderte um das Feld herum und war stolz bei dem Gedanken, daß dieses nun sein eigenes Feld wäre. Kein anderes Lebewesen war darauf. Auf der nächsten Wiese gab es Kühe, und an der Seite des Hügels weideten Schafe. Aber auf seinem eigenen Feld war Schneeflocke das einzige Wesen.

Doch was war das? Ein braunes Huhn kam durch die Hecke und begann, am Boden des Feldes herumzupicken. Dann kam ein anderes Huhn und noch eins. Schneeflocke stand da und sah zornig zu ihnen hinüber.

„Das ist mein Feld", wieherte das Pony ihnen zu und lief wild hin. Das erste braune Huhn sah überrascht auf.

„Dein Feld? Was meinst du damit? Wir kommen immer herein und picken herum. Sei doch nicht so albern!"

„Geht weg", rief Schneeflocke. „Ich will euch hier nicht haben." Und es lief auf das Huhn zu. Das flüchtete eilig in die Hecke zurück. Dann rannte das Pferdchen auf die anderen beiden zu, und sie liefen

genauso schnell davon. Aber kaum hatte es den Rükken gedreht, da kam das erste Huhn wieder zurück durch ein anderes Loch, das weiter weg war.

Schneeflocke ärgerte sich und trabte zu dem Huhn hinüber. Das gluckerte und lief weg — aber immer, wenn eine Henne in die Hecke zurückging, kamen ein paar mehr von der anderen Seite des Feldes herein. Schneeflocke galoppierte zu ihnen hinüber, um ihnen zu sagen, daß sie hier nichts zu suchen hätten.

Bald machten sich die Hühner einen großen Spaß mit dem kleinen Pferdchen. „Du kriegst mich nicht, du kriegst mich nicht", gluckerte zuerst eine Henne, dann eine andere. Und Schneeflocke stürzte immer zu ihnen hin und stampfte dann mit den Hufen auf.

„Das erzähle ich den Kindern! Ihr wißt genau, daß dies mein Feld ist, und ich erlaube nicht, daß jemand anders hereinkommt."

Über die Hecke sah ein großes braunes Pferd herüber und starrte Schneeflocke an. „Hallo", sagte es. „Dich habe ich ja vorher noch gar nicht gesehen. Und was ist das hier für ein Lärm?"

„Daran sind diese Hühner schuld", sagte Schneeflocke. „Ich habe jetzt zum ersten Mal ein eigenes Feld, und ich mag nicht, daß die Hühner hereinkommen."

„Dein Feld ist das nicht", sagte das große braune Pferd. „Das ist nur das Feld, wo du sein darfst. Und die Hühner, die dürfen überall hingehen. Das hat der Bauer gesagt. Sei nicht unfreundlich, sonst gewinnst du keine Freunde. Hat dir deine Mutter das nicht gesagt?"

Schneeflocke dachte plötzlich an die Mutter. Richtig, sie hatte es gesagt! Du liebe Zeit! Schneeflocke hatte die Mahnung so schnell vergessen. Was für ein Jammer! Schneeflocke ließ den Kopf hängen und trottete zu einer Ecke hinüber. Und die Hühner kamen heran und gluckerten vergnügt über das kleine Pferd.

„Es ist ja schließlich nur ein Kind. Das weiß es noch nicht besser. Wie heißt du, Baby?"

Da war das Pferdchen froh, daß es einen Namen hatte. „Ich heiße Schneeflocke", antwortete es.

Nun lachten die Hühner und das braune Pferd laut. „Was für ein Spaß", sagten sie zueinander. „Schneeflocke! Stellt euch vor! Was für eine schwarze Schneeflocke!"

Das Tor klinkte, und das Pferdchen hörte die Stimmen der Kinder. Es stellte die Ohren auf und sah sich um.

„Schneeflocke, Schneeflocke!" riefen die drei Kinder. Das kleine Pferdchen galoppierte fröhlich zu ihnen hinüber.

„Es kennt seinen Namen schon", rief Willi. „Ist es nicht gescheit? Es kam, sobald es gerufen wurde."

Das Pferdchen drückte sich an sie. Tommi hielt ihm auf der Handfläche etwas hin, etwas eckiges Weißes. Schneeflocke schnupperte dran. „Los nur, Schneeflocke! Das ist der Nachtisch für dich. Es ist mein Stück Zukker", sagte Tommi. „Mutter hat uns allen eins gegeben nach dem Essen, aber ich habe meins für dich aufgehoben. Schnell, iß es, du Dummerle."

Schneeflocke schnupperte wieder. Es hatte vorher noch niemals Zucker gekostet. Plötzlich hob es seine

Oberlippe, nahm das Zuckerstück in den Mund und zermalmte es. Es war süß. Und es schmeckte sehr gut! Schneeflocke schnüffelte um Tommi herum und hoffte, daß da noch ein bißchen Zucker wäre. Was war das für ein netter Junge, daß er solch einen Nachtisch mitbrachte!

„Morgen hebe ich dir auch mein Stückchen Zucker auf, wenn du nett bist", sagte Usch. „Komm jetzt. Wir wollen sehen, wie du galoppierst und trabst und gehst. Den ganzen Nachmittag wollen wir mit dir spielen."

Bald spielten die vier wie närrisch zusammen, und die Hühner sahen ihnen erstaunt zu. Die Kinder galoppierten rund um das Feld, und das Pferdchen galoppierte auch. Sie gingen, und es ging. Sie legten sich auf das Gras, und es machte das auch. Dann kullerten sie sich herum, und das Pony kullerte sich ebenso auf der Wiese. Das war ein Spiel, das ihm gefiel!

„Schneeflocke macht's gerade wie wir", sagte Tommi. „Es mag all die Dinge gern, die wir auch gern haben."

Schneeflocke und Usch

In der ersten Nacht fühlte Schneeflocke sich schrecklich einsam ohne seine Mutter, an die es sich schmiegen konnte. Gewöhnlich legte sie sich unter einem großen Kastanienbaum in ihrem Feld nieder, und das Pony kuschelte sich dicht neben sie.

Aber heute nacht im eigenen Feld gab es nichts, woran es sich kuscheln konnte. Das Pferdchen wieherte nach seiner Mutter, doch sie kam nicht. Sie war weit weg. Es sah sich nach den braunen Hühnern um, damit es mit ihnen reden konnte, aber sie waren im Hühnerstall schlafen gegangen.

Es ging zur Hecke und wieherte nach dem alten, braunen Pferd. Doch das Pferd schlief am anderen Ende des Feldes und hörte nicht.

Eine Eule kam heraus und schrie plötzlich. Da sprang Schneeflocke erschrocken auf.

Dann lief ein Igel vorbei und kratzte an den Hufen.

Und dann ging der Mond auf. Eine große, runde Lampe am Himmel, die Schneeflocke wie ein Gesicht erschien.

Das Pferdchen war sehr einsam und fürchtete sich. Es stand unter einem Baum und zitterte. Es war sehr unglücklich. Niemand mochte es. Alle hatten es vergessen. Es wäre so gern fortgelaufen, aber das Tor war geschlossen.

Und dennoch: Jemand dachte an Schneeflocke! Jemand lag still im warmen Bett und dachte an das kleine Pferdchen draußen im Feld, das zum ersten Mal in seinem Leben allein war. Dieser Jemand war seinetwegen traurig und wollte es gern trösten.

Der Jemand war Usch. Usch liebte ihre Puppen und all ihr Spielzeug, und jetzt liebte sie das Pferdchen. Sie stand auf und ging zum Fenster. Der Mond war aufgegangen, und sie konnte das Feld des Pferdchens sehen. Da sah sie das Pony in einer Ecke stehen, ganz still. Es ist wach, es kann nicht schlafen, es sehnt sich nach seiner Mutter, dachte das kleine Mädchen. Arme kleine Schneeflocke! Ich werde meinen Morgenrock anziehen und hinunterschleichen und zum Pferd laufen. Es ist eine so schöne Nacht, daß ich mich nicht erkälten werde.

Usch zog ihren Morgenrock an und schlich die Treppen hinunter. Sie öffnete die Haustür und schlüpfte hinaus. Dann lief sie den Gartenweg hinunter bis zu dem weißen Tor, ging zum Feld und öffnete das Tor.

Schneeflocke hörte das Klicken und erschrak. Wer war das? Wer konnte da mitten in der Nacht kommen? Seine Mutter hatte ihm immer erzählt, daß Leute, die zur Nachtzeit herumschleichen, keine guten Menschen sind. War wohl jemand gekommen, um zu stehlen?

Zitternd stand das Pony da, als Usch durch das Tor kam. Da hörte es eine leise Stimme: „Arme kleine Schneeflocke! Bist du so allein? Ich bin gekommen, um dir zu sagen, daß du nicht unglücklich sein darfst, und um dich in den Arm zu nehmen."

Pony Schneeflocke kannte die Stimme von Usch. Sein Herz pumperte vor Freude. Es ging sofort zu ihr hinüber, schmiegte sich an sie und warf sie beinahe um. Das Pony war entzückt, daß jemand gekommen war, das es kannte. Usch legte ihm die Arme um den Hals, und es fühlte, wie ihr Herz gegen seine Nase schlug. So ein nettes Mädchen! Es würde Usch am allerliebsten haben, weil sie so freundlich war.

„Nun leg dich jetzt hier nieder unter diesen Baum, wo der Boden trocken ist", sagte Usch. Und sie führte es an einen guten Platz. „Du wirst bald schlafen. Nichts wird dich mehr betrüben."

Schneeflocke faßte ihren Morgenrock leicht mit den Zähnen und zog daran.

„Was, ich soll mich neben dich legen?" rief Usch. „Was bist du doch für ein putziges, kleines Pferdchen! Vermißt du heute nacht deine Mutter? Nun, ich werde mich für eine kleine Weile an dich kuscheln, dann muß ich hineingehen."

Es war eine sehr warme Nacht. Schneeflocke und Usch legten sich auf das trockene Gras nieder, und Usch schmiegte den Kopf an den runden Körper des Ponys. Das war jetzt ganz glücklich. Jemand hatte es lieb und war sein Freund. Das war es, was seine Mutter immer gesagt hatte: Man mußte Freunde gewinnen, dann würde man glücklich sein.

Es schlief ein — und das tat Usch auch! Der runde Mond sah auf beide nieder. Der Igel kam heran und staunte sie überrascht an. Sie schliefen beide stundenlang. Dann kam Daniel, ein Arbeiter, auf die Wiese. Er war sehr verwundert, als er Usch und Schneeflocke unter dem Baum zusammen schlafen sah.

„Hallo, Fräuleinchen", rief er leise und schüttelte sie an der Schulter. „Du wirst Ärger bekommen, weil du hier draußen geschlafen hast. Du hättest dich sehr erkälten können."

Usch wachte auf und starrte in die grünen Blätter des Baumes über sich. Sie sah den blauen Himmel zwischen den Blättern. Wo war sie eigentlich?

Sie setzte sich auf und erkannte Daniel. „Ach du liebe Zeit!" rief sie. „Ich bin ja die ganze Nacht hier draußen gewesen. Was wird Mutter sagen? Sie wird sehr böse mit mir sein. Ob ich wohl ins Haus schlüpfen kann, ohne daß mich jemand sieht?"

„Nein, das kannst du nicht tun", sagte Daniel. „Du wirst es deiner Mutter erzählen, verstanden? Man soll nichts verschweigen. Das gehört sich nicht. Aber sieh mal an, was ist das für ein schönes, kleines schwarzes Pferdchen? Wie heißt es denn?"

„Schneeflocke", sagte Usch, und Daniel lachte.

„Wie lustig!" rief er. Er streichelte Schneeflocke, und das Pony stieß mit der Nase nach ihm. Es beschnupperte auch Usch. Das Pferdchen dachte, es würde nie und nie vergessen, wie das kleine Mädchen zu ihm herausgekommen war in der Nacht, als es sich so einsam fühlte. Es würde Usch immer besonders liebhaben.

Das Mädchen lief ins Haus. Die Mutter sah Usch kommen und wunderte sich. „Du bist doch hoffentlich nicht in deinem Morgenrock draußen in den Feldern gewesen?" fragte sie.

„Ach, Mutter, ich bin die ganze Nacht draußen gewesen. Nur durch ein Versehen. Schneeflocke war so einsam, und ich wußte, daß unser Pony seine Mutter vermißte. Deshalb ging ich zu ihm, und wir kuschelten uns aneinander. Da bin ich eingeschlafen, und Daniel hat mich aufgeweckt. Sei bitte nicht böse."

Die Mutter war nicht böse. Sie gab Usch einen Kuß und sagte: „Du bist ein liebevolles kleines Ding!"

Von da ab waren Usch und Schneeflocke immer besonders gute Freunde.

Schneeflocke bekommt noch ein paar Freunde

Schneeflocke lebte sich im neuen Zuhause bald ein. Es liebte alle drei Kinder. Immer sparte das eine oder das andere ein Stück Zucker auf, und das Pferdchen wartete immer schon darauf.

Bald durfte es überall hingehen, wohin es wollte. Sein Tor wurde nicht mehr zugeschlossen, und es wanderte hinein und hinaus, wie es mochte. Es war genauso ein Lieblingstier von allen auf dem Hof wie Tinka, der Hofhund.

Schneeflocke liebte sein neues Heim. Bald kannte es all die anderen Tiere auf dem Hof. Es lief herum, um mit ihnen Bekanntschaft zu schließen.

Das Pony ging in das Feld, wo die Kühe weideten. Sie starrten es an und mampften die ganze Zeit. Es sah nach ihren Hörnern und fürchtete sich ein bißchen.

„Ihr werdet mich doch nicht stoßen, nicht wahr?" fragte es. „Versprecht mir, daß ihr's nicht tut."

„Natürlich nicht. Wir benutzen unsere Hörner nicht zum Stoßen", sagte Butterblume, eine rot-weiße Kuh. „Der Bulle, der benutzt seine Hörner vielleicht, um dich zu stoßen. Geh also nicht zu nah an ihn heran."

„Ich heiße Schneeflocke und bin das neue Shetlandpony. Ich gehöre den Kindern", sagte Schneeflocke. Die Kühe lachten. „Schneeflocke! Was für ein merkwürdiger Name für dich. Wir haben niemals ein Pferd gesehen, das so klein war wie du. Zuerst dachten wir, du wärst ein Spielzeug."

„Ein Spielzeug bin ich nicht. Ich bin lebendig", sagte Schneeflocke. „Seht doch mal, wie schnell ich galoppieren kann."

Es galoppierte um das ganze Feld herum, und die Kühe beobachteten das Pony genau. „Du galoppierst fast genauso schnell wie Kapitän, das große braune Pferd drüben", sagte Butterblume.

Das Pony lief zu Kapitän hin. „Hallo", sagte es. „Ich bin Schneeflocke, das Shetlandpferd. Ich kann sicher schneller galoppieren als du."

„Ach, du bist der Bursche, der mit den Hühnern Fangen gespielt hat, und der sie nicht einholte, nicht wahr?" sagte der Kapitän und zwinkerte mit dem Auge. „Nun, wenn du willst, kann ich ja mit dir um die Wette laufen."

Sie machten einen Wettlauf um das ganze Feld herum, aber Kapitän gewann. Er war ein kräftiges und mächtiges Pferd, und obgleich das Pony so schnell rannte, wie es nur konnte, so kam es gegen Kapitän nicht auf.

„Ich kann also nicht so schnell rennen wie du", sagte Schneeflocke keuchend.

„Nein, man soll sich lieber nicht mit etwas brüsten, ehe man es versucht hat", sagte Kapitän. „Nun, was willst du jetzt anfangen?"

„Ich werde mit diesen runden rosa Wesen dort drüben sprechen", sagte Schneeflocke. „Was sind das für welche? Sie machen solch einen komischen, grunzenden Lärm."

„Schweine", sagte Kapitän. „Aber geh nicht in ihren Stall hinein, denn wenn du das tust, dann wird die alte Sau hinter dir herkommen. Sie mag niemanden, den sie nicht kennt."

Aber das Pony hörte nicht darauf. Es trottete zum Schweinestall hinüber und stieß gegen das Tor. Das öffnete sich nicht. Da erinnerte es sich, daß eines von den Kindern an der einen Seite des Tores den Riegel heruntergedrückt hatte und daß das Tor dadurch aufgegangen war.

So drückte es mit der Nase auf den Riegel. Das Tor ging auf. Aha, wie gescheit es war! Es ging in den Schweinestall hinein, und all die kleinen Ferkel liefen erstaunt um das Pony herum.

„Wer bist du? Wer bist du?"

„Ich bin Schneeflocke, das Shetlandpony, und ich darf überall hingehen, wohin ich will", sagte Schneeflocke. „Ach, was ist denn da in eurem Trog? Das riecht gut."

Es ging zum Schweinetrog hinüber, in den Daniel gerade das Futter getan hatte. Es begann hier und da ein bißchen zu kosten.

Die alte Muttersau, die sich niedergelegt hatte, hob ihren Kopf und sah zu ihm hinüber.

„Was machst du hier und warum frißt du unser Futter auf?" grunzte sie. „Geh sofort hinaus und mach das Tor hinter dir zu. Ich will nicht, daß meine Ferkelchen auf der ganzen Farm herumrennen."

Schneeflocke ging zum Tor und schloß es. Aber es ging nicht etwa vorher hinaus. Nein. Es schloß sich selbst mit ein und ging zum Trog zurück, um noch ein bißchen weiterzukosten.

Da wurde die große, alte Sau zornig. Sie stellte sich auf ihre vier kurzen Beine und sah aus ihren kleinen Schweinsaugen mürrisch zu Schneeflocke hinüber.

„Du schlechtes Pferd!" rief sie. „Stiehlst uns unser Fressen und machst unser Tor auf. Schlechtes Pferd!" Sie lief zu Schneeflocke hin und stieß das Pony fast um. Das bekam einen Schreck. Die alte Sau sah so sehr lang und fett und groß aus.

Die Ferkelchen liefen um es herum und quiekten: „Lauf weg, Dummer, lauf weg!"

Also lief es in dem Schweinestall rundherum und die alte Muttersau rannte hinter ihm her. Die Schweinchen liefen auch und quiekten aufgeregt und kamen ihm fast unter die Füße. Du liebe Zeit, wie sollte es von diesem fürchterlichen Platz hinauskommen?

Willi hörte den ganzen Lärm. Er lief zum Schweinestall und mußte furchtbar lachen.

„Mutter, sieh doch bloß! Usch, guck mal! Schneeflocke ist zwischen die Schweine geraten, und die alte Sau jagt das Pony."

Alle lachten, und Schneeflocke schämte sich. Willi öffnete den Schweinestall, und Schneeflocke stürzte hinaus. Die Ferkelchen steckten ihre rosa Nasen durch die unteren Bretter des Tores und quiekten wieder.

„Komm und besuch uns wieder, Schneeflocke! Es ist lustig anzusehen, wenn Mutter dich jagt."

„Hast du das Tor etwa allein geöffnet, Schneeflocke?" fragte Willi erstaunt. „Liebe Zeit, was bist du doch für ein kluges Pferdchen! Aber geh nicht wieder in den Schweinestall! Die alte Sau mag das nicht."

„Ich will's nicht tun", wieherte Schneeflocke und trottete zum Ausruhen in das eigene Feld zurück. „Ach, wie froh bin ich, daß ich nicht solch eine wilde Mutter habe wie diese alte Sau. Mir tun die Schweinchen leid."

Sattel und Zügel für Schneeflocke

Als das Pony zum ersten Mal einen Sattel und Zügel bekam, gefiel ihm das gar nicht. Es konnte nicht verstehen, was auf seinem Rücken war. Den Zügel mochte es schon gar nicht und stieß ärgerlich mit dem Kopf rauf und runter.

„Nun sei nicht albern, Schneeflocke", sagte Usch mit ihrer leisen Stimme zum Pony. „Wir möchten alle auf dir reiten, und das können wir nicht, wenn du keinen Sattel trägst, auf dem wir sitzen können, und Zügel, mit denen wir dich führen können."

Sie gab ihm ein Stück Zucker. Den mummelte es und stand ruhig. Aus den Augenwinkeln sah es zu ihr hin. Wenn Usch wollte, daß es etwas tat, dann würde es das auch tun, selbst wenn es ihm nicht gefiel.

„Steig du zuerst auf, Usch", sagte Willi. „Dich liebt das Pony ganz besonders, seit du damals in der Nacht im Feld bei ihm geblieben bist. Für dich wird es auch ruhig stehenbleiben."

Also kletterte Usch auf den Rücken. Zuerst fühlte sie sich sehr schwer an. Wie unbehaglich! Schneeflocke wollte sich von diesem plötzlichen Gewicht befreien. Aber es mochte Usch nicht hinunterwerfen. Sie hätte sich ja verletzen können. Also stand das Pferdchen still und zitterte nur.

„Liebe Schneeflocke, liebe, gute Schneeflocke", sagte Usch und streichelte die dicke, schwarze Mähne des Ponys. „Nimm mich mit auf deinem Rücken herum, Schneeflocke, du und ich gehören zusammen. Jetzt kannst du doch fühlen, daß wir zusammengehören, jetzt, da du mich auf deinem Rücken trägst. Unser Vati sagt, daß dies eines der schönsten Gefühle zwischen einem Menschen und einem Pferd ist. Kannst du es fühlen, Schneeflocke?"

Sie preßte dem Pony ihre Beine gegen die Seiten. Es hörte auf zu zittern. Plötzlich hatte es Spaß daran, daß Usch auf seinem Rücken saß. Es hielt inne und sah sich nach ihr um. Usch streichelte es. „Gutes kleines Ding", sagte sie. „Kluges Pony! Du wirst bald ein genauso gutes Reittier sein wie Kapitän, das alte braune Pferd."

„Für dich bin ich besser als Kapitän, weil ich die richtige Größe habe", wieherte Schneeflocke und setzte sich plötzlich rund um das Feld in Bewegung. Usch hielt entzückt die Zügel. Bumpedi bumpedi bump, bumpedi bumpedi bump! machte es.

„Ruhig, Schneeflocke, ruhig! Du schüttelst mich so!" rief Usch. „Das ist ja deine erste Reitstunde, deshalb mußt du langsam mit mir gehen."

Also ging Schneeflocke langsamer um das Feld herum, mit Usch auf dem Rücken. Usch lachte vor Freude, und ihre Wangen wurden leuchtend rot. Ihre Augen glänzten.

„Wie schön ist es zu reiten!" rief sie. „Einfach herrlich! Wie der Wind wird unser Pony laufen. Hallo, Schneeflocke, hallo! Wenn ich die Zügel so ziehe, dann mußt du anhalten. So ist es richtig."

Tommi sollte als nächster reiten. Er konnte es noch nicht so gut wie Usch, denn sie war früher schon öfter geritten. Also ging Willi neben ihnen und hielt die Zügel in der Hand.

Dann kam Willi an die Reihe; er ging und trabte rund um das Feld. Bei dem Geräusch von Schneeflockes kleinen Hufen flüchteten die braunen Hühner alle in die Hecke hinein. Schneeflocke fühlte sich stolz, als Willi schließlich abstieg. Drei Kinder waren geritten. Fast sofort hatte es sich an den Sattel gewöhnt. Nun hatte das Pferd auch begriffen, was es tun mußte, wenn die Zügel gezogen wurden.

„Es ist wirklich sehr klug", sagte Willi und streichelte Schneeflockes samtige Nase. „Es wird alles für uns machen. Es war zuerst erschrocken, aber das hat es bald überwunden. Ist es nicht hübsch zu reiten, Usch?"

„Ja, sehr schön", sagte Usch. „Das Pony hat auch gerade die richtige Größe für uns. Selbst wenn Tommi von seinem Rücken fällt, macht das nicht viel, weil er

nicht tief fällt. Gutes Pferdchen, Schneeflocke! Wir werden morgen deine Mutter drüben besuchen, wenn du magst, und ihr zeigen, wie gut du dich herausgemacht hast. Das soll deine Belohnung sein, weil du dich so gut angestellt hast."

Schneeflocke rannte ganz allein vor Entzücken um das Feld herum. Die Mutter besuchen! Ach, wie nett! Und sie würde sehen, wie gut es die Kinder auf seinem Rücken trug. Und es konnte ihr von den Schweinen und Kühen und allem anderen erzählen.

Am nächsten Tag brachen die vier also zusammen mit Tinka, dem Hofhund, auf nach der Nachbarfarm.

Mutter hatte gesagt, es wäre ein so schöner Tag, daß sie ihr Essen mitnehmen und unterwegs essen könnten.

Sie sattelten Schneeflocke. Dann zogen sie los und ritten abwechselnd auf seinem Rücken. Das kleine Pferdchen war sehr stolz, weil jeder, dem sie begegneten, zu ihnen hinsah. Jungen und Mädchen liefen heran und streichelten Schneeflocke. „Oh, gehört das euch? Das sieht aber hübsch aus. Wie heißt es denn?"

„Schneeflocke", sagte Willi, und die Kinder lachten. „Was für ein drolliger Name für ein schwarzes Pony. Dürfen wir einmal reiten?"

„Heute nicht", sagte Willi. „Es hat gerade erst gelernt, uns auf dem Rücken zu tragen. Wir bringen es jetzt zum Besuch bei seiner Mutter."

„Laßt mich doch mal darauf reiten, bitte", sagte ein großer Junge, der an den Zügeln zerrte.

„Laß los", sagte Willi. „Nein, Bert, du darfst nicht! Du bist erstens zu groß, und zum anderen bist du niemals freundlich zu Tieren. Laß los!"

„Nun, ich werde kommen und eines Tages auf ihm reiten, wenn ihr alle weg seid", sagte Bert und sah recht böse aus. „Verstehst du? Das werde ich tun, wenn du mich jetzt nicht reiten läßt."

„Sei nicht albern", sagte Willi. „Komm weiter, Usch. Du sollst jetzt auf Schneeflockes Rücken steigen."

Usch stieg auf, und sie gingen weiter. Tinka folgte ihnen, sah sich um und knurrte Bert an. Niemand konnte Bert leiden. Er war selbstsüchtig und unfreundlich.

„Hier sind wir", sagte Willi schließlich, als sie den Bauernhof sahen. „Dort ist dein altes Feld, Schneeflocke."

„Und dort ist meine Mutter", wieherte Schneeflocke entzückt. „Seht, da ist sie."

Ein Besuch bei Schneeflockes Mutter

Mit Usch auf dem Rücken trottete das kleine Pferdchen an das Tor von dem Feld, das es so gut kannte. Und es wieherte laut. Seine Mutter hob den Kopf und sah ihr Kind am Tor.

Sie galoppierte sofort hinüber und wieherte auch. Sie und Schneeflocke rieben freundlich die Nasen aneinander.

„Wir werden auf diesem Feld frühstücken", sagte Willi. „Dann können Schneeflocke und die Mutter eine hübsch lange Zeit zusammensein."

Usch stieg von Schneeflockes Rücken, nahm Sattel und Zügel weg und führte das Pony durch das Tor, das Willi geöffnet hatte. Die Brüder folgten und schlossen das Tor wieder. Sie fanden einen hübschen Platz auf einer sonnigen Bank und setzten sich nieder, um ihr Frühstück zu essen.

„Seht doch unser Pferdchen und seine Mutter an", sagte Tommi. „Sie freuen sich ganz bestimmt über das Wiedersehen, nicht wahr?"

Schneeflocke sah sich auf dem Feld um. Wie groß war es ihm früher erschienen! So groß wie die halbe Welt. Jetzt aber kam es ihm klein vor. Wie merkwürdig! dachte das Pony. War es selber gewachsen, oder war das Feld kleiner geworden?

Auch seine Mutter erschien ihm nicht mehr so groß wie früher. Es mußte also selber gewachsen sein. Seine

Mutter sagte tatsächlich, daß es längst nicht mehr so klein wäre wie beim Abschied.

„Du bist fast so groß wie ich", sagte sie. „Wie schnell du gewachsen bist! Hast du schon einen Namen bekommen?"

„Ja, ich heiße Schneeflocke", erzählte das Pony. Seine Mutter fand das drollig.

„Warum ist das drollig?" fragte Schneeflocke. „Jeder lacht über meinen Namen. Warum denn?"

„Warte nur, bis der Winter kommt und Schneeflokken vom Himmel fallen. Dann wirst du wissen, warum", sagte seine Mutter. „Jetzt erzähle mir alles von deinem neuen Zuhause. Sind die Kinder nett?"

Pony Schneeflocke erzählte ihr alles. Es erzählte ihr, wie Usch hinausgekommen war, um es in der ersten einsamen Nacht zu trösten, und seine Mutter war froh darüber.

„Sie muß ein liebes kleines Mädchen sein", sagte sie. „Ich will sie auf mir reiten lassen, wenn sie gegessen hat."

„Sie sind alle sehr nett", sagte Schneeflocke. „Nur die alte Sau, die auf die Ferkel aufpaßt, die hat mich gejagt."

„Horch mal, die Kinder rufen uns. Sie haben uns Hafer mitgebracht", sagte da die Mutter. So liefen sie zu den Kindern hinüber.

Als sie ihren Hafer gefressen hatten, hielt Usch Schneeflockes Mutter eine junge Rübe hin, die sie eifrig nahm. Sie aß Rüben besonders gern.

Schneeflocke schnuffelte nach ihr.

„Versuch mal eine, Schneeflocke", sagte Willi. „Du wirst sie auch mögen."

Die Rübe schmeckte Schneeflocke sehr gut, und das Pferdchen steckte die Nase in den Futtersack, um sich noch eine zu suchen. Es fand eine und nahm sie heraus.

„Seht doch nur, Schneeflocke hilft sich selbst", rief Usch. „Aber halt, Schneeflocke, nimm nicht diese Äpfel! Die sind für uns."

Doch sie gab hernach dem Pony die Apfelbutzen, und es zermalmte sie erfreut. Dann ging es mit seiner Mutter rund um das Feld und sah alle Plätze an, die es von früher noch kannte. Ja, dort stand der Baum, unter dem sie gewöhnlich geschlafen hatten! Und da in dem Graben wuchs das lange, saftige Gras. Und dort war der Trog, in den der Bauer ihnen immer Wasser schüttete, weil kein Bach oder Teich bei dem Feld war.

Bald standen die Kinder auf und gingen zu den Pferden hinüber. Schneeflockes Mutter versuchte Usch klarzumachen, daß sie gern auf ihr reiten durfte. Usch verstand das. Aber sie hatte keinen Sattel für das große Pferd.

„Ich denke, ich könnte ohne Sattel auf ihr reiten, wenn ich mich an ihrer Mähne festhalten dürfte", sagte Usch. Und sie stieg auf den Rücken des Pferdes. Bald trottete sie rund um das Feld, und Tommi folgte ihr auf Schneeflocke. Willi stand in der Mitte und schwenkte einen langen Zweig. Er tat so, als wäre er der Zirkusmeister und sie seine Pferde und Reiter.

„Es wird Zeit, nach Hause zu gehen", sagte Usch schließlich und stieg von dem Rücken der Pferdemutter herunter. Sie klopfte ihr den Hals. „Dank dir, das war ein schöner Ritt! Schneeflocke, sag deiner Mutter Lebewohl."

„Du wirst dich nicht wieder ohne mich einsam fühlen, nicht wahr?“ fragte Schneeflockes Mutter und beschnupperte ihr Kind. „Oder möchtest du hier bei mir bleiben? Bist du traurig, daß du weggehen mußt?“

„Nein“, sagte Schneeflocke. „Ich liebe mein neues Zuhause, und ich liebe die drei Kinder. Ich möchte nicht mehr hierbleiben, Mutter. Aber ich werde wiederkommen und dich besuchen, auch wenn ich allein kommen muß. Lebwohl.“

Sie gingen weg. Das schlanke, glänzende Pferdchen trug Tommi auf dem Rücken. Seine Mutter beobachtete es sehr stolz. Das Tor klinkte. Sie waren weg.

An Schneeflocke haben alle Spaß

Als die drei Kinder einmal alle im Haus waren, weil der Regen nur so schüttete, fühlte sich Schneeflocke unbehaglich und einsam. Denn ringsherum war es naß und kalt. Das Pferdchen stand unter einem Baum, aber der Regen kam so heftig, daß er sogar durch das Laub fiel. Schneeflocke wieherte mürrisch.

„Ich werde naß! Ich werde mich erkälten! Meine Mutter hat mir immer gesagt, daß ich mich nicht verkühlen dürfe. Sogar die Hühner sind sicher in ihrem Haus — aber mich läßt man hier ganz allein draußen in diesem Feld.“

Auf der anderen Seite der Hecke plantschten ein paar Enten in dem großen Pfuhl herum. Schneeflocke ging hinüber und sprach mit ihnen.

„Welch eine Idee, hier draußen im Regen zu sein! Wie dumm seid ihr. Ihr werdet durch und durch naß."

„Ach, das ist das richtige Wetter für uns Enten", quakte eine große Ente. „Wir lieben den Regen. Das Wetter ist genau so, wie wir es gern haben. Unsere Körper werden nicht naß. Der Regen gleitet an unseren Federn ab, weißt du."

„Die Schweine sind in ihrem Stall. Die Katze ist im Haus. Die Hühner sind in ihrem hölzernen Stall. Der Hund ist in seiner Hütte — aber ich werde hier immer nässer und immer nässer", wieherte Schneeflocke und bedauerte sich selber ganz schrecklich.

„Nun, geh doch und bitte die Hühner, ob sie dich nicht in ihrem Haus beherbergen können", schnatterten die Enten und plätscherten ordentlich im Pfuhl herum.

Also trabte Schneeflocke zu dem Tor seines Feldes. Es war geschlossen, aber es wußte ja längst, wie es jedes Gatter öffnen konnte, das kluge, kleine Pferdchen. Im Nu war das Tor offen, und es trabte zu dem großen Hühnerhaus hinüber.

Doch die Hühner wollten es nicht hineinlassen. „Nein, nein, du jagtest uns ja neulich aus deinem Feld", sagten sie. „Wir wollen dich nicht in unserem Haus haben."

Dann ging Schneeflocke zur Küchentür und sah hinein, ob die Katze drin wäre. Sie lag auf der Matte neben dem Küchenofen.

„Kann ich hineinkommen und mich auch neben das Feuer legen?" fragte Schneeflocke.

„Du liebe Zeit, nein!" rief die Katze. „Nur Hunde und Katzen dürfen ins Haus hinein. Geh weg!"

Aber Schneeflocke ging geradewegs in die Küche und wollte sich eben neben dem Feuer niederlegen, als die Köchin hereinkam. „Meine Güte!" rief sie erstaunt. „Was kommt denn nun noch! Schneeflocke, gehst du wohl sofort hinaus? Stampfst überall in meiner Küche herum! Willst du Schläge haben?"

Dann ging Schneeflocke zu Tinkas Hundehütte. Tinka war nicht da. Die Hütte war aus einem riesigen alten Faß gemacht, das man auf die Seite gelegt hatte. Innen war etwas Stroh. Es sah sehr gemütlich aus.

Das gefällt mir! dachte Schneeflocke. Ich bin so klein, und das Faß ist so groß. Ich glaube, ich kann hineingehen und mich niederlegen. Also duckte sich das Pony und kroch vorsichtig rückwärts in das Faß hinein. Es legte sich in das Stroh. Das war trocken und weich und behaglich. Schneeflocke war glücklich.

„Ich wünschte, ich wäre ein Hund. Dann hätte ich eine Hütte wie diese. Tinka ist sehr glücklich", sagte das Pony zu sich selber, und dann schlief es ein.

Der Regen hörte auf. Die Sonne kam heraus. Die Kinder kamen auch heraus und suchten nach Schneeflocke, weil sie reiten wollten.

„Im Feld ist es nicht", rief Usch überrascht. „Es hat das Tor geöffnet und ist gegangen. Schneeflocke, wo bist du?"

Keine Antwort kam. Dann hörten sie plötzlich vom Hof her lautes Bellen. Es war Tinka.

„Was ist denn mit Tinka los?" fragte Tommi.

Tinka stand vor seiner Hütte und bellte laut. Und darin lag Schneeflocke und wachte gerade auf und sah sich sehr überrascht um.

„Schneeflocke! Nun seht euch das bloß an! Schneeflocke hat sich in Tinkas Hütte gelegt!" rief Willi, und sie lachten alle.

Schneeflocke kroch heraus und schüttelte sich. Das Pferdchen wieherte und trottete zu Usch hinüber. Es war froh, als es die Kinder sah, und es stieß ihr seine Nase gegen die Hand.

„Du bist ein putziges, liebes Pony", sagte Usch und lachte es an. „Ich glaube, kein Pony in der ganzen Welt hat je in einer Hundehütte geschlafen, Schneeflocke. Was wirst du dir das nächste Mal ausdenken?"

Dieser schlechte Junge, der Bert!

Eines Tages kam Bert, um Willi, Usch und Tommi zu besuchen. Sie freuten sich gar nicht darüber, denn sie konnten ihn nicht leiden. Er war sehr unfreundlich und ungezogen. Aber Mutter sagte immer, daß man zum Besuch höflich sein müßte, deshalb waren sie doch nett zu ihm.

„Ich will auf eurem Pony reiten", sagte Bert.

„Nein, das möchten wir lieber nicht", sagte Usch sehr höflich. „Es ist noch nicht lange bei uns, und wenn es auch an uns gewöhnt ist, dann wird es nicht gern haben, daß du auf ihm reitest. Du bist dick und sehr schwer."

„Sei nicht so frech", sagte Bert und runzelte die Stirn. Er war richtig fett, weil er ein gefräßiger Junge war, aber er wollte natürlich niemals daran erinnert werden.

„Ich bin nicht frech", sagte Usch überrascht. „Ich möchte dir nur erklären, warum du nicht auf Schneeflocke reiten kannst."

„Nun, ich werde es trotzdem tun", sagte Bert. Er wußte, daß der Vater und die Mutter der Kinder nicht zu Hause waren. Er lief zu Schneeflockes Feld hinüber. Die Kinder liefen hinter ihm her.

„Du wirst es nicht tun, Bert!" schrie Willi.

„Ihr könnt mich nicht daran hindern", antwortete

Bert. „Ich bin viel größer als ihr, und ich kann euch alle mit einer Hand niederschlagen."

„Du bist ein sehr böser Junge", sagte Usch und weinte beinahe.

Tommi hielt Bert an seiner Jacke fest und versuchte, ihn zurückzuziehen. Bert schüttelte sich frei, und Tommi fiel hintenüber.

Dann rannte Bert schnell nach dem Feld, kletterte über das Tor hinüber und rief Schneeflocke: „Schneeflocke, komm her!"

„Nein, komm nicht, komm nicht!" schrie Usch.

Aber Schneeflocke kam. Das Pony kam immer, wenn es gerufen wurde. Es kam jetzt herangetrabt, seine glänzenden Augen sahen von einem Kind zum andern, bereit, jedes auf sich reiten zu lassen.

Doch es war Bert, der auf seinen Rücken sprang. Bert hatte keinen Sattel oder Zügel für das Pferd, aber darum kümmerte er sich nicht. Er hielt sich an Schneeflockes dicker, schwarzer Mähne fest und klammerte sich mit seinen kräftigen Knien an ihn.

„Galopp!" schrie Bert. „Vorwärts! Galopp!"

Schneeflocke gefiel dieser Junge nicht. Er war dick und schwer, und er benahm sich gar nicht nett. Bert stieß kräftig gegen die Flanken des Pferdes, und Schneeflocke sprang erschrocken hoch. Er war nicht daran gewöhnt, daß die Menschen grob mit ihm waren.

„Ach Bert, nicht doch! Bert, steig sofort ab!" rief Usch und lief hinter ihnen her. Aber jetzt galoppierte Schneeflocke erschrocken über das Feld, rasend aus Angst vor Berts harten Fersen.

„So laufen wir! So laufen wir!" schrie Bert voll Genuß. „Vorwärts, Schneeflocke, schneller, schneller!"

Schneeflocke hatte diesen Jungen auf seinem Rücken gar nicht gern. Es war ein gräßlicher Junge. Das kleine Pferd stoppte ganz plötzlich, und Bert schoß über seinen Kopf und landete mit einem Bums im Gras.

Die drei Kinder lachten. Das geschah Bert recht! Aber Bert war nun wirklich sehr zornig. Er lief zur Hecke und schnitt einen dicken Stecken mit seinem Messer ab, um damit Schneeflocke zu bestrafen.

Dann sprang er wieder auf den Rücken des Ponys und begann es mit dem Stecken kräftig zu schlagen.

„Ich werde dich lehren, mich über deinen Kopf zu werfen, du verflixtes Pferd!" schrie er. Die drei Kinder stürzten hinterher, um ihn anzuhalten, aber Bert ließ Schneeflocke von ihnen weggaloppieren.

Niemand wußte, was sie tun sollten. Bert war solch ein großer Junge! Aber Schneeflocke wußte, was nun zu tun war. Das Pferdchen dachte nicht daran, nur noch eine Minute länger mit diesem Burschen herumzujagen oder sich abzugeben.

Es galoppierte auf das offene Tor zu. Und es galoppierte genau hindurch. Es galoppierte zu dem Teich, wo die Enten faul herumschwammen.

Es galoppierte gerade an den Rand des Teiches, und dann, genau plötzlich wie vorher, hielt es inne, und über seinen Kopf weg flog Bert mitten in den modrigen Entenpfuhl hinein.

Die Enten flogen erschrocken auf und quakten laut. Schneeflocke hob den Kopf und wieherte vor Freude. Usch, Willi und Tommi lachten vergnügt, lachten und

jubelten. Bert hatte wirklich eine sehr gute und eine verdiente Strafe bekommen.

Der überraschte Junge flog Hals über Kopf ins Wasser. Er kämpfte sich auf die Füße, keuchte und prustete, wütend und erschrocken. Er watete heraus, Schmutz und Unkraut hingen aus seinem Haar, seine Kleider tropften.

„Was wird meine Mutter sagen?" fragte er, und zu Willis Erstaunen begann er laut zu heulen.

„Na, so ein Baby!" rief Willi. „Du bist grob genug, um zu schlagen — um ein kleines Pony zu schlagen und zu peitschen, und bist doch Baby genug, um zu heulen, wenn du deine Strafe bekommen hast! Lauf nach Hause! Ich will meinem Vater diesmal nichts von dir erzählen, weil Schneeflocke selber dich bestraft hat."

Immer weiterheulend ging Bert nach Hause. Schneeflocke stand bei den drei Kindern und wieherte laut.

„Du bist das gescheiteste Pferd, das ich je kannte", sagte Tommi und umarmte es. „Wir brauchen uns deinetwegen nicht zu sorgen, weil du immer irgendeinen Weg aus jeder Schwierigkeit findest. Gute, kleine Schneeflocke! Komm, du kriegst ein Extrastück Zucker."

Schneeflocke holt die Zeitung

Jede Woche ritt Willi auf Schneeflockes Rücken ins Dorf, um die Zeitungen vom Händler zu holen. Es waren sechs Wochenzeitungen: drei für seinen Vater, zwei für seine Mutter und eine für die Köchin.

Schneeflocke wußte bald, wann der Freitag herankam. Das Pony wartete nicht, bis Willi kam und es holte. Es öffnete mit der Nase das Tor und trabte zum Gartentor des Hauses hinüber. Es wußte dann, daß Willi in ein oder zwei Minuten herausstürzen würde.

„Hallo, Schneeflocke!" würde Willi rufen. „Gerade zur rechten Zeit kommst du! Vorwärts, wir wollen losreiten und die Zeitungen holen. Ich habe das Geld."

Eines Tages ging Schneeflocke zur Gartentür hinunter und wartete geduldig. Aber kein Willi kam!

Schneeflocke stampfte mit den Hufen und wieherte. Das bedeutete: „Willi! Komm, du bist spät dran."

Aber immer noch kam Willi nicht. Dann sagte jemand in der Küche: „Liebe Zeit! Da kommt Schneeflocke und wartet auf Willi, daß sie wie immer die Zeitungen holen sollen. Das Pferd weiß ja nicht, daß der Junge mit einer Erkältung im Bett liegt. Und jetzt bekommt der Herr nicht seine Zeitungen."

Schneeflocke stellte die Ohren auf. Was, Willi war im Bett? Ach, deshalb hatte er ihn auch den ganzen Tag nicht gesehen.

Armer Willi! Schneeflocke trottete davon. Nachdenklich blieb das Pony draußen auf dem Pfad stehen. Es wußte den Weg ins Dorf. Es wußte auch den Zeitungsladen. Warum sollte es nicht allein gehen? Die Frau in dem Laden würde wissen, warum es kam. Das kluge, kleine Pferd zog allein los, schüttelte den Kopf und schwenkte stolz seinen langen Schwanz. Es wollte die Zeitungen für seinen Herrn holen. Es fühlte sich sehr wichtig.

„Ich hole die Zeitungen", erzählte es allen Hunden, denen es begegnete.

„Ich hole die Zeitungen", erzählte es allen Pferden, an denen es vorbeikam. Alle starrten es verwundert an.

Es kam zum Dorf. „Ach, seht doch, da kommt Willis kleines nettes Shetlandpferd allein heraus!" riefen die Kinder, und Schneeflocke wieherte ihnen auch zu: „Ich hole die Zeitungen!"

Es kam zum Zeitungsladen. Dort war eine Glocke, die draußen vor der Tür hing. Schneeflocke wäre in den Laden gegangen, wenn der offengewesen wäre. Aber das war er nicht.

Nun, das Pferdchen hatte oft gesehen, wie Willi an der Glocke zog, deshalb ergriff es das Seil mit dem Maul und zog daran. Tingtingting! klingelte die Glocke laut. Dann klopfte Schneeflocke mit dem Huf auf den Boden; klopfklopfklopf! gerade wie er es machte, wenn Willi auf seinem Rücken saß und darauf wartete, daß er die Zeitungen bekam.

Die Verkäuferin öffnete die Ladentür und sah heraus. Sie glaubte, Willi wäre draußen. Aber da war nur Schneeflocke, und sie starrte das Pferd verwundert an.

„Nanu, wo ist Willi?" fragte sie. „Bist du denn ohne ihn gekommen?"

Schneeflocke sah ein paar Zeitungen drin im Laden auf einem Regal hängen und versuchte, sie mit dem Maul zu erreichen.

Die Frau lachte.

„Nein, nein, so nicht. Das sind nicht die richtigen. Bist du ganz allein wegen der Zeitungen gekommen? Warte eine Minute, dann hole ich sie dir!"

Sie ging in den Laden hinein. Schneeflocke stieg die zwei Stufen zum Laden herauf, stieß die Tür auf und ging hinein. Die Frau lachte wieder, als sie die sechs Zeitungen in braunes Papier wickelte und zusammenband.

„Ich habe noch nie solch ein Pony gesehen, niemals! Kommt wegen der Zeitungen am richtigen Tag, zieht die Klingel und geht in meinen Laden hinein. Du mußt im Zirkus gewesen sein!"

Schneeflocke hatte kein Geld und konnte also nicht bezahlen. Aber es bekam die Papierrolle ins Maul und stampfte aus dem Laden hinaus. Den ganzen Weg zum Hof zurück galoppierte das Pferdchen.

Es sah Willis Vater in der Nähe auf einem Feld und lief zu ihm hin. Die Zeitungen ließ es ihm vor die Füße fallen.

„Du liebe Zeit!" rief der Bauer erstaunt und erfreut. „Sag mir bloß, daß du die Zeitungen ganz allein geholt hast! Schneeflocke, du bist ein Wunder, wirklich. Danke dir, kleines Pferdchen, du bist ein guter, lieber Kerl, und ich werde dir vier meiner besten Rüben als Belohnung geben."

Und das tat er auch.

Schneeflocke bei einer Gartengesellschaft

Eines Tages bekam die Mutter einen Brief.

„Er ist von Frau Thomsen", sagte sie. „Sie will eine große Gartengesellschaft in ihrem Hause geben. Da wird alles mögliche gezeigt und verkauft, weil für das Krankenhaus Geld gesammelt werden soll."

„Dürfen wir hin?" fragten die Kinder eifrig.

„Nun, Frau Thomsen fragt, ob du vielleicht bei ein paar Wettläufen mitmachen willst, Willi. Und dich, Usch, bittet sie, ein paar kleine Blumensträuße zu binden, die du dann verkaufen kannst."

„Mutter, ich mag nicht bei Wettläufen mitmachen", sagte Willi.

„Und ich habe früher schon einmal Sträuße verkauft. Aber da wollte kaum jemand welche haben", sagte Usch.

„Ich finde aber, ihr solltet schon irgend etwas tun, um zu helfen", sagte Mutter.

Plötzlich hatte Tommi einen Gedanken. „Mutter", rief er, „ich weiß, was wir machen: Wir könnten Schneeflocke mitnehmen und andere Kinder für zehn Pfennig darauf reiten lassen."

„Das ist eine sehr gute Idee", sagte Mutter.

„Ich könnte ein rotes Band in seine Mähne flechten und seinen Schwanz hübsch bürsten", sagte Usch. „Mutter, meinst du nicht auch, daß alle Schneeflocke gern haben werden?"

Es wurde also beschlossen, daß Schneeflocke zu der Gartengesellschaft mitgenommen werden sollte und daß dort andere Kinder auf dem Pony reiten durften.

Mutter meinte, sie sollten zwei Groschen bezahlen, nicht nur einen.

Die Kinder erzählten Daniel davon, und er hatte auch einen guten Gedanken.

„Ich glaube, ich könnte euch einen kleinen Ponywagen bauen, einen, der gerade so groß ist, daß Schneeflocke ihn ziehen mag", sagte er.

Daniel hielt Wort. Er zimmerte einen wunderhübschen, kleinen Karren mit zwei großen Rädern. Die Speichen malte er rot und gelb an. Er strich auch den Wagen rot an mit einer gelben Linie ringsum. Zum Schluß machte er eine Art Zaumzeug von irgend alten Lederriemen für Schneeflocke.

„Vielleicht mag Schneeflocke das nicht", sagte Usch. Aber das Pony mochte es. Es kam sich sehr erwachsen und wichtig vor, daß es einen eigenen Wagen hatte.

Es sah einfach entzückend aus, als es mit dem kleinen Karren hinter sich lostrottete. Tommi fuhr öfter darin, und er sagte, es wäre genauso hübsch, wie auf Schneeflockes Rücken zu reiten.

Der Tag der Gartengesellschaft kam. Usch hatte ein schönes rotes Band mit schwarzen Punkten gekauft, und sie flocht es sorgfältig durch Schneeflockes dicke Mähne. Dann bürstete sie den Schwanz schön.

Sie spannten Schneeflocke vor den kleinen Karren, den Daniel gebaut hatte, und zogen los zu Frau Thomsens großem Garten. Sie begrüßten Frau Thomsen, und sie zeigte ihnen, wo sie die Fahrten beginnen sollten. Sie schlug vor, daß die Kinder immer den großen Weg einmal hinauf- und einmal hinunterführen.

„Wie reizend euer Pferd aussieht", sagte sie. „Ich habe Shetlandpferdchen immer gern gehabt, aber ich glaube, eures ist das allernetteste, das ich je gesehen habe."

Es gab alle möglichen Arten von Aufführungen, Wettläufen und Wettbewerben.

Aber die beste Schau von allem war Schneeflocke.

Zuerst rief Willi laut: „Fahrten mit Schneeflocke! Reiten auf Schneeflocke! Zwei Groschen einmal! Fahrten oder Ritte mit Schneeflocke! Zwei Groschen einmal!"

Dann hob Usch die Kinder hinauf, die an der Reihe waren, zu reiten.

Tommi nahm das Geld ein und steckte es stolz in einen großen roten Beutel.

Dann half Willi jedem Kind auf seinen Platz und ließ es den Weg hinauf- und hinuntertraben.

Bald spannte Usch den roten und gelben Karren ein, und Willi rief wieder laut: „Fahrten für die Kleinen! Jedes zwanzig Pfennig, nur zwanzig Pfennig eine Fahrt in diesem hübschen kleinen Wagen!"

Die kleinsten Kinder wurden von ihren Müttern herangebracht und warteten, bis sie an der Reihe waren. Tommi nahm ihr Geld, ihre Mütter setzten sie in den kleinen Karren hinter Schneeflocke, und Willi führte das Pony den Weg hinauf und herunter. Die Kinder waren entzückt.

Die drei Geschwister und Schneeflocke hatten an diesem Nachmittag viel Arbeit. Dreimal wurde Tommis Beutel ganz voll und er mußte zu Frau Thomsen gehen und ihn ausleeren. Ihr werdet nicht raten, wieviel Geld er am Ende dieses Nachmittags hatte!

„Meine Lieben, wißt ihr, daß ihr vierundvierzig Mark und sechzig Pfennig von diesen Ponyritten bekommen habt?" sagte Frau Thomsen überrascht. „So viel hat von den anderen Veranstaltungen keine gebracht. Es ist einfach wundervoll."

Willi, Usch und Tommi freuten sich sehr. Usch umarmte das Pony und flüsterte ihm ins Ohr: „Ich bin stolz auf dich, Schneeflocke!"

Wer würde wohl nicht auch gern auf Schneeflocke geritten sein? Wenn ihr nun je ein reizendes, kleines, schwarzes Shetlandpferd seht, so ruft: „Schneeflocke! Schneeflocke!"

Vielleicht kommt es dann auf euch zugerannt und schnuppert mit der Nase in eurer Hand. Dann wißt ihr, was es sagen will: „Ich mag dich. Du darfst auf meinem Rücken reiten!"